www.ingramcontent.com/pod-product-compliance
Lightning Source LLC
Chambersburg PA
CBHW030906170426
43193CB00009BA/750
9781997503200

تبعیدی راکی

مجموعه‌ی شعرهای علی فتح‌اللهی

تبعیدی راکی

شاعر: علی فتح‌اللهی
ناشر: آسمانا، تورنتو، کانادا
ISBN-13: 978-1984943477
ISBN-10: 1984943472

طرح جلد: مهدی پوریان
ویرایش: مهدی اخوان
صفحه‌آرا: محمد قائمی
نوبت چاپ: چاپ اول، ۱۳۹۷/۲۰۱۸

حق چاپ برای ناشر محفوظ است.

فهرست

دربارهٔ تبعیدی راکی ۷
دفتر یکم / شام غریبان ۱۱
پلنگ هیز ۱۳
هم‌تنش ۱۴
از گیل خیس ۱۵
مِلاکَت‌پرست ۱۶
حساب و کتاب غریبی ۱۸
شام غریبان (بهرام ۱) ۲۳
بی‌خیل ۲۴
اعتراف ۲۵
ذکر مصیبت رامسس ۲۸
نفرین ۳۰
خودخداخوانده‌گان ۳۱
کوراوغلوِی بی‌انتقام ۳۳
از نو ۳۵
وسوسه‌گر ۳۶
بهرام ۲ .... ۳۷
آن‌کُشی ۳۹
دفتر دوم / حال و حول بدحالان ۴۱
«دست»فروش ۴۳
زَجروَرز ۴۴
داغی ۴۵
راه‌به‌ماه ۴۶
سورهٔ جوانان ۴۷
کاناپه‌خواب ۴۹
بشنو از نی ۵۱
تقصیر تو بود ۵۳
کُرد (انتزاع ۱) ۵۶
خوش خط و خال ۵۷
وَراَندازی ۵۸
اشتها ۶۰
طلوع ۶۱
پاییزانه‌چی ۶۲

کودکانه	63
فراموشم نکن	64
نوستالژی اناری	66
ساده	67
نورآفند	68
واژه‌خور	69
گاهی نمی‌شود	70
برادرِ سرباز	71
جهانِ اوّلت	73
سینه‌پُر	74
هزیان	75
خزانه	77
در گذشتِ بچه‌ی ایران‌خانوم	79
روگازمانده‌گان	81
ناپاک	82
بنیادگرا	83
مانیفستِ لاک‌پشت	84
تراژدیِ الیکایی	85
لاشخوری	86
کعبه‌ی عشق	87
پای‌خوار	90
مرغِ تیغستان	92
دراز به دراز	93
درویش (انتزاع ۲)	94
وصیت	95
بخش سوم	**97**
خوابِ مستان	97
سفرکرده‌شُده	99
هالووین، شانس و معجزه	102
بی‌هم‌پیاله	103
بیژنانه ۱	105
پابرچاه (بیژنانه ۲)	106
کاشفِ ماه	108
خیالِ سوزان	109
واژه‌نامه	111

درباره‌ی تبعیدی راکی

ادعایي[1] ندارد، نه موعظه‌گوی نسل بشر است و نه رند بازار معرفت. آدمي است که بارِ سه میلیون سال فرگشت را به دوش می‌کشد. گرده‌اي دارد کول‌بر تازیانه‌های تاریخ و جغرافیا؛ و تنی که در هر یاخته‌اش کمابیش قربانی تصادفي‌است تا جای الکتروني در مدار اتم چه باشد؛ چس‌میلیونم متري جابه‌جا گردد شاید سرطاني شود شاید نبوغ. مثلن همین‌که تن‌کامه‌گی و برتری‌جویی تعالی یافت، کسی نفهمید چه شد؟ انتزاعي شد تنگ به نام عشق - همین که شعري است برای خودش - چه باک اگر حالا مسیر واروني طی شود؟ اگر عشق را برگردانَد سر جای اولش، سوزشي اینجا، جوششي آنجا. شاید الکتروني از مداري بپرد بالا یا پایین. افسرده شود یا منفجر. انگار عشق را آن‌قدر مجرد کرده باشد مثل یخي که تند داغ شده است؛ به جای آب بخار می‌شود. دلتنگ تصویرهای اثیری است که سر زا

---

۱. در نوشتار این مجموعه، «ي» در برابر «ی» برای تمیز نهادن میان نشانه‌ی نکره با «ی»های دیگر به کار رفته است. به عنوان نمونه «سنگي» به معنی «یک سنگ» است در حالی‌که «سنگی» به معنای داری صفت سنگ یا از جنس سنگ خواهد بود.

رفتند، عشق‌هایی که نسروده عروس شدند، و ماجراهای بی‌پایان قهر و آشتی بلوط و تگرگ. تبعیدی راکی آویزان تک‌واژه‌هایی می‌شود که میخ‌های زنگ‌زده‌شان توی دیوار ذهن است، بی‌هیچ امید بالا رفتنی. لقّی می‌خورند و تقّی می‌کنند؛ حواسش هست به راه گریزی؛ پوستی یا ساغری، واژه‌ی بی در و پیکری.

علی فتح‌اللهی
تیرماه ۱۳۹۶ - اوکویل، انتاریو

سپاس فراوان دارم از دوست صمیمی و قدیمی‌ام مهدی اخوان که در بازخوانی، ویرایش و گزینش شعرها کمک و عنایتي ویژه داشت. هم‌چنین از همسر نازنینم که الهام‌بخش بسیاری از شعرها بوده و در طول سالیان شکیبایي فراوان به خرج داده است و البته که در گزینش شعرها نیز وقت شایاني صرف نمود. و نیز مهدی گنجوی عزیز که بسیار فراتر از یک ناشر، دوستانه و هم‌فکرانه در ویرایش، ترتیب و انتخاب شعرها دست توانایی بود در همراهی من.

دفتر یکم

شام غریبان

پلنگ هیز

زیتونی می‌خورم
بر فراز المپ؛
خرمایی می‌چشم
در اوج تفتان؛
پلنگی آواره‌ام میان دو کوه.
بالای قله‌ها،
هاله بسته‌ای، خندان.
اگر برای زیبایی‌ات
فلسفه می‌بافم؛
طمع به رودابه‌ات
بسته دستانم؛
می‌خواهم به ماه گاه زل بزنم؛
لب از کوهستانت،
نمی‌توانم بکنم.

تورنتو، بهمن ۱۳۹۳

هم‌تنش

از این حجم پر تکانه و بی‌قرارم ننال.
همه‌ی راه‌های جهان را گز کرده‌ام.
غنیمتي است گرد انحنای تنت،
مدار نامسلّم لامسه‌ام.
کافی است ثابت پلانک را به من قسمت کنی؛
آن وقت خواهی دید،
کوره‌راهان بی‌شمار به راه‌زنی‌ام نشسته‌اند.
وای اگر طولِ موج ناز تو را بیازمایند.
چه بسا نواختر بختم برمبد؛
بازگردم به وقت‌های قبل از هماجوشی؛
هسته‌اي شوم نوترونی،
آواره‌ی سیاه‌چاله‌هایي
که نور از توبره‌ی دختران کش می‌روند.

تورنتو، بهمن ۱۳۹۳

ازگیل خیس

خیسی موهات را بهانه مکن.
بگذار بوی کنوس نارس و خاکِ خیس،
مردانه مساحت سینه را
تقسیم کند با بالش امشبین.
کسی چه می‌داند
چند حلقه چاه،
تا پایان این قنات؟
بر آستانه‌های تمدن چِل چله‌گی،
قلمی وام بده
تا به یاد این سال‌های رو به انقراض،
درختی نشانم،
پیوند گیسِ فِردار
با ازگیل جر خورده.

تورنتو، اردیبهشت ۱۳۹۴

مِلاکَت پرست

زیر پُست دل‌تنگی‌ام
در صفحه‌ی ازمابهترانِ چشمه و کوه،
ملاکتي دق زده بود.
هرچه آمدند و رفتند،
ایل چیان پادشاه اطلس،
قصه‌ای نفرِو ختمشانِ؛
خاطراتِ حسودي دارم؛
دلم در پنجه‌ی ریشه‌ی گردویي اسیر،
ایمانم با جنازه‌ی سگي زیر خاک،
و سرم را بزها چریده‌اند.
مساحت دل‌تنگی‌ام
از کاسه‌اي ترخینه‌ی داغ،
گسترش یافته به دو بَرٌّ و یک اقیانوس.
گردنم ستبر شده مثل گَرّین،
چشمه‌های دامنش خشک.

برای من امشب،
بلوطي در آتش بترْکان،
مغزم بوی پری‌مرده گرفته است.

تورنتو، تیرماه ۱۳۹۳

حساب و کتاب غریبی

شبِ پیش با رفیقي از ایران چَتیدم
گفت که «جمع نمی‌شود خاطرش»
امان از خاطري که تفریق می‌کند!
مثل من که گم شده آثار باورم!
درست که هنوز ساق‌هایم
رگ‌به‌رگ می‌شود از یادگار گَرّین؛
درست که هنوز قلقلک می‌شوم
از اشتیاقِ گُل‌کوچِک‌باز نوبالغي
- قمار کرده بدزدد
قاپِ دخترِ پُرعاشقي -
و از روز تعلیم آب‌تنی به سبک آبایی
- هنوز از مسافرتِ سیمره ترم، درست -
ولی چنان از پرت شدن در آب خیره‌سرم
که برای همیشه،
به شنا و آشنا بی‌باورم ...

و با این همه هر صبح
ارقامِ بُنجُلِ خاطره را
در کوله‌پشتی‌ام می‌ریزم
لَش‌کِش می‌کنمشان به ایستگاه
بعد از بوی عفنشان تقسیم می‌شوم
در گوشه‌گوشه‌ی ذهن مغشوشم
من باقیمانده‌ی تاریخ افسوسم
در کمرکش جغرافیای مدرن
خانه بر دوشم،
و مهاجرت می‌کنم هر روز
به فراخورِ یک اتوبوس
به هندوستان کوچکي
در قلب غرب دور.
کُد می‌نگارم به پیکر وب‌سایتي
که مانده از دسترس ایرانیان
به دور
و از روی خسته‌گی هر از چند گاهی،
خیره می‌شوم به این شهر
زیرِ تَلّي از هوارِ کِدِر،
سیاتل!
که انگشت‌های سیمانی‌اش را
در بومِ ابروباد فرو می‌کند؛

رنگ‌های طیف طوسی را
از خماریِ چشم‌های نم خورده‌ام،
به اوج می‌رساند؛
و ارگاسمِ نوستالژیا را،
به پشتِ شیشه می‌پاشد!
انگار دُم‌اسبی شانه کرده باد
گیس‌بارِ ابرهایِ پابه‌ماه
و من پرانده می‌شوم مثل پشه‌اي شریق
که ناشیانه بر پشت توسني غریب
به دنبال آرامشي وزیده است ...
- در هوایي که تمامی ندارد
هیهات از این تاتارِ باران -
به مریم گفتم فرض کن آمده‌ایم شمال
عیب ندارد اگر نیست
کَل‌کباب و شامی‌بودار
و دست‌فروش زیبای شنبه‌بازار،
چنجه‌اوزون‌بوروِن‌حسن‌رشتی
- حالا به درک اگر نفهمیدیم
حلال است یا حرام
در حضور شرع ناخوشگوار -
هزار من پیاز خاطره
می‌شود با سه رنده تقسیم

تمامی ندارد اعشار باران ...
امان از خاطري كه تقسيم می‌کند ...
مریم همیشه خودش را تقسیم کرده است
پِر به پِر نمی‌شود حسابمان.
صورت امکانم آنقدر کوچک است
که در مصاف خرجی الزام
قسمتم از صفر خارج نمی‌رود؛
هرچه هم که ضرب کُنَمَش
در تمام گِلیال‌هایي که می‌سوزند
و نورون‌هایي که می‌پوسند
پشت این شیشه‌ها که می‌خیسند
کُنج خاطراتي که زجر می‌دهند.
امان از خاطِري که جذر می‌گیرد
و ریشه‌اي که درد می‌آید
و حالا من اینجا ...
تلاش می‌کنم شب به شب
به ضرب قصه و زور لالایی
تفریق کنم از زبانم
وزن تلخی ایّام را
تا جمع شود بچه‌ها
خوابشان با خیال
بو نبرند ما

در سمتيِ از نامعادله بوديم
که دو لِنگِ نابرابری
به سویِ دیگر باز بود و
منقار به رویِ ما می‌کوفت.

آبان و آذر ۱۳۹۱، سیاتل

شام غریبان (بهرام ۱)

گینه‌ی مغزم ابولا گرفته است،
ایرانش یبوست.
از اتوبوس‌نشینی و راه‌بندان
شده‌ام بهرامِ
گورِ پدر شهردار.
برهوت سرخ گردنم خم شد
زیر آفتاب سرد نمایش‌گر.
سر به مدار خورشید می‌زنم هِی،
از هم‌آغوشی هیدروژن‌ها خدایی های؟
خواب تلخي‌ام غریب خاکي سفت،
یا ردبول و یا هدفون،
دخیلم به شما
و این شام دراز.

تورنتو، ۱۶ آبان ۱۳۹۳

بی‌خیل

کاش کرمینه‌ای بودم،
شبی پیش از دگردیسی.
آشیانه‌ام،
شکمبه‌ی بشکه‌ای شراب؛
دلخوری‌ها میهمان چوب و الکل،
نامرادی‌هام کابوس بدمستی.
چه فرق می‌کرد آن وقت،
حشره می‌شدم یا کرم،
پَهن یا پیکانی.
زندگی سرشار می‌شد
از بی‌حواسیِ لزج
از شور وشوقِ هر آنی
از اینکه تو دور از منی و من،
هیچ هم خیالم نی!

کلگری، شهریور ۱۳۹۲

اعتراف

خِرکِش می‌کنم،
خدای کلاغ‌های گم‌گشته را
از آغاز قصه‌یِ آخرندار؛
هرچه خبر می‌دهَمَش،
خیر نمی‌رساند
به بی‌خانه‌مانانِ خاک؛
خواب رفته زیر گنبد کبود.
جَلد می‌کشانم،
هُمای زمان‌های گل‌گرفته را
از کنجِ قفسي قُراضه؛
هرچه پر می‌دهمش،
قفل نمی‌گشاید
از بی‌بهره‌گانِ بخت؛
پسته می‌شکند بی‌بفرما.
آبي گرم نمی‌شود

از آتش‌بازیِ خیال در آسمان؛
پشت سنگلاخِ مصیبت،
چنگ می‌زنم در تیره‌گی
که خو کند مردمکم
به گشادیِ زمین
چاه می‌کَنم برای تشنه‌گی.

گیس‌کِش می‌کنم،
پریِ آرزوهای بر باد رفته را
از قعرِ قناتی مرده؛
هرچه قَسمش می‌دهم،
دل نمی‌سپرد
به تغییر قسمتم؛
غمزه می‌درد کنار ساحل.

خِفت می‌کشانم،
غولِ فعل‌های نانوشته را
از چُرتِ چراغ جادو؛
هرچه اَخم و تَخم می‌کنم،
کمر نمی‌بندد
به قصدِ خدمتم؛
تخمه می‌چرد پای کار.

عشقي نمی‌روید
در زیرزمینِ فاجرانِ باستان؛

گردِ سینه‌هایِ زن،
تنگ می‌فشارم چنگ
تا وامِکَم از نفسش،
سهمِ خود از خاک را؛
قدم می‌زنم تاَ رفع خسته‌گی.

اوتاوا، تیرماه ۱۳۹۱

ذکر مصیبت رامسس

چه می‌تواند کرد رامسس،
اگر خدای خدایان،
کمر به قتل بچه‌اش بسته باشد؟

شب از طاعونِ مَنف سیاه‌تر؛
سری می‌زنم به بخش اطفال،
دلی به اردوی جنگ‌زده‌گان؛
چوب دو نوک خلایند خدایان،
کاسه‌های چه‌کنم‌شان تهی.
فرزندان فرعون و موسا،
بی‌پناهان‌تر از تخم دایناسور،
دم‌دمانِ انفجار چیکسالوب.

با همه‌ی هم‌ژنانم
در لحظه‌ی سرخی افق،

می‌گریزم از مصر آسمان
در زمین مصیبت،
گرد چنگال هیوم،
خیمه‌ای به پا کرده‌ام؛
هوره‌ای برای کودک سوری؛
قافیه‌ی تُف،
بر قبر مدیترانه.

- تورنتو، شهریور ۱۳۹۴

نفرین

جرعه‌اي بخت به مزاجم نساخت.

خواب صبح یک‌شنبه از هم گسیخت؛
عنکبوت بامدادی از دیدنم یکه خورد.

مرگ پشت انقباضِ ماهیچه سنگر گرفت؛
زنده‌گی روی سنگ‌ریزه‌های دریاچه سر خورد؛
تراشه‌ی چوب و کف موج، نفس را فشرد.

جهان دچار تهوع نظم شد آیا؟

انگار تف انداخته پشت پایم خدا؛
در مسیر این مسافرت،
صدقه‌ریزانِ لحظه‌لحظه عذاب،
میسر نکرد رفع بلا را.

کلگری، شهریور ۱۳۹۲

خودخداخوانده‌گان

دیروز در کافی‌شاپ،
خدایی دیدم،
مشغول تجاوز به زنی باکره بود.
تا حواسش نبود،
گناهان آن روزم را،
تو فنجان قهوه‌ام،
حل کردم و،
سر کشیدم.

امروز در دانشگاه،
خدایی دیدم،
سرگرم قتل شاعری بیچاره بود.
تا حواسش نبود،
گناهان دیروزم را،
توی دستشوییِ سرپا،

شاشیدم و،
راحت شدم.

خدایان می‌گفتند:
«لذتي در گناه کردنتان نیست»

خبر از لذت شاشیدنشان نیست.

اوتاوا، آبان ماه ۱۳۹۰

کوراوغلویِ بی‌انتقام

آهای کوراوغلو! هم‌چنان کوری؟
در کدام گردنه گنگ و گیج،
گیر کرده‌ای؟
در مه‌آلودِ صبح تجدد
-که آب نشد از گرمای فجر
که یخ بست زیرِ فوج بهمن -
ندیدی شکست در آوارِ نقص زمین،
دستِ دعای مادران؟
که برخواسته بود پیِ احتیاج،
سویِ کمال آسمان؟
انگار گرفته دریچه‌ی قلبِ آذرستان؛
نمی‌رسد خون به مغزِ مشروطه‌چیان؛
آه که از تکرار قصه‌ی مرگِ امیر
در هراسند عاشیقان!
کوراوغلو!

به شکل اندامِ دوشیزه‌گان،
در نمی‌آید آبَ
- حتا با حفظ حجاب.
تني بيا به آبِ قوشابولاق برسان
و دلي به تيغ چشم‌پزشکانِ تهران؛
شاید بازگردد سو به چشمِ زمان.
بگو پنجره باز نکنند
هوای تهران، قاتل اکسیژن است؛
پرده‌ها را بِکَشند
پارازیتِ شمران، سرطانِ ژن است.
کوراوغلو! خیش خورشید بردار
بر گُرده‌ی روزگار بگذار
از بازمانده‌گانِ هر قوم
حضانتِ یتیمي بردار
و همیشه آزادی را
رویِ تختِ سی سی یو
در حالتِ میر
به خاطر بیار

اوتاوا، شهریور ۱۳۹۱

از نو

مرا به خاک بسپارید
پیش از آن‌که دوباره متولد شوم
می‌خواهم گور خویش را به یاد نیاورم

خرم‌آباد، تیرماه ۱۳۷۷

وسوسه‌گر

تیریک تیریک شیشه و باران
سر برده حوصله‌ی تنهایی و
درد آورده دوران دوری را.
عذاب خدای ندیده است انگار
سوزن می‌زند به تخم‌مرغ شب.
حسودا خدایی است،
وسوسه می‌کند.

کلگری، فروردین ۱۳۹۲

بهرام ۲

همه‌ی شعرهای بهرام را من سروده‌ام.
شرمنده‌ی کفش‌هایم
از پیاده‌رَوی‌های شبانه
در جاده‌های غریبانه.
کفِشان را داده‌ام
پاک‌کن چسبانده‌اند.
مارپیچ مدارم را
به عقب می‌گردم،
از ساق‌های گندمین فصل درو
تا پایه‌پل‌هایِ فلزی و چوبی؛
لَختیِ خون لخته میان باغ آلبالو،
پیکیِ سگی بین بازوان جِی‌آشوب.
خیالم نبود این همه دور و سرد هرگز.
بهرام گورِ همه‌ی آرزوهای خودم؛
با تک‌تکشان خوابیده‌ام؛

تک‌تکشان را شکار کرده‌ام.
مغزم شناور است
میان محلول خون و قلیا.
کشفم را ثبت بزن.
درنگی پس از نشست آفتاب،
کاوش‌گرانت را به لمس پوسته‌ام بفرست
تا ببینی تماس،
یخ‌کَندهای جُبه‌ام را
سرشار می‌کند از حیات،
برای ساعتی.

تورنتو، ۲۰ آبان ۱۳۹۳

آنکُشی

مثل یک وجب فضا،
بَر سیاه‌چاله‌ای،
توی ظرف حوصله،
لحظه‌های من گمَند.

اوتاوا، خرداد ۱۳۹۱

دفتر دوم

حال و حول بدحالان

«دست»فروش

خانم‌ها! آقایان!
متاعی می‌فروشم،
خریده‌امش به قیمت خون
از نقش غارِ پشت آبشار تاف.
خانم‌ها! آقایان!
من هیچ می‌فروشم
و در ازای آن هیچ نمی‌خواهم.
تنها،
گاهی،
دَه بر یکي به هرگز بدهید
و هر از گاهی،
خود را بر همیشه تقسیم کنید.

بنف، آلبرتا، شهریور ۱۳۹۲

زَجروَرز

دقایق زجرخیزِ من
به مردابِ چشمِ تو
فرو می‌خزند.
من عشق را به گل‌برگ تنت
شبنم شرم‌ناکِ نفس
لیز می‌خورم
و تو عشق را در اعماقِ دلم
پنجه‌ی پایدارِ هوس
ریشه می‌زنی؛
بعد نیلوفرِ آرامش
از آوندِ ارگاسمت
غنچه می‌کند.

الشتر، مرداد ۱۳۷۵

داغی

چهره‌ات،
باغ اجدادی
در آخر مرداد.
وحشی‌ام می‌کند،
بوی پونه در چکاچک جوی.
کنج لب‌هات پتو پهن می‌کنم
در سایه‌سرخ آلبالوها.
بیدها غش می‌روند
از پیچ خیال روی برگ پلکت
به شکاف سینه در آلوی همسایه،
دل از مینای دندان
در،
خونِ زیر لُپ‌هات
سر،
میناهای پرچین مجاور،
پر.

تورنتو، آبان ۱۳۹۲

راه‌به‌ماه

مَرد روبه‌رویِ دو ماه،
وِیلان شبیهِ فضا؛
حسرتِ شیر در شروعِ زندگانی؟
یا رؤیای مهتاب‌شبیِ نیاکانی؟
سمتِ کدام عقده،
می‌شَلَد سفینه‌اش؟

در مدارِ زن، دو ماه،
کهکشانِ سینه‌بند،
ستاره‌چینِ تِراسِ تابستانی؛
مرد میانِ دو ماه می‌شود زندانی؛
سوی سیاه‌چاله،
می‌خَمَد سطحِ نسیم!

اوتاوا، مرداد ۱۳۹۱

سوره‌ی جوانان

نون و واژه

قسم

به تربچه
بترسید از مزارع ترب
در حوالی بیست و پنج
افسوس‌هایتان

به شرم
زیر پوست دختر بهی می‌پزد
چنگال‌هایتان کو
می‌افتد از دهان

به کوچه‌رِی

لب جویْ پتویی بیندازید
نسیم لای گل‌ها
عبرت از عمل گران

به دندان
از میان نعمت‌ها اصطکاک
اندام خواهش وِلو
گردنش کبود

به جان ننه
تلاقی بیابان و سطح شیبدار
چشمه‌ای فوران
گوارای و جود

اسراف نبرید
به خندانیدن پسته
الفی خمیده
راز مردی با فرشته

تورنتو، فروردین ۱۳۹۲

کاناپه‌خواب

شبي میهمان کاناپه باش ؛
به زن فکر کن ،
به اتم‌های جیوه .
به روزهای سرماهای دور از صفر ،
عادت نبرده‌ام .
آفتاب آفریقا هم به من نساخت ؛
جایي میان مرغزار داغي گم شدم ؛
به شاخه‌ی تاکي چنگ زدم .
خوشه‌های انگور آویزان ،
از میله‌های قطار حیرانند .
حبه‌های تپلِ وَرچه‌ای ،
تیله‌های ریز یاقوتی ،
بعضی خرده‌هسته دارند ،
برخی درونشان پنهان ؛
قلم‌موی خیسي‌ام

غریق طبیعت بی‌جان.
در هزار جهان موازی،
زاده شدم؛
تنها در یکیش،
خوشه‌ای خارک تلخیده چشیدم.
معجزه‌ی الکل،
زنجیر زمینم کرد؛
زن را دیدم؛
زنجیر پاره کردم.

تورنتو، بهمن ۱۳۹۳

بشنو از نی ...

کسی پشت پنجره
به انتظار من نشسته است
این سوی پنجره روز است
روزِ فلورسِنت
و شب تنها
در آن سوی پنجره
به عشق نور می‌تپد.
آن طرف کسی ایستاده است، می‌دانم
دست‌هایم به شوق او
به آن سوی پنجره کوچ می‌کنند
و در بازگشت،
شبحی در آب،
پس می‌آورند.
آه، این کیست این کسی که صدای گریه‌اش
شبیه ضربان بغض من در گلوست

و روی جاده‌ی تا زیرِ صفر سرد
به اندازه‌ی تمام اشتهای من
هی سیب گاز می‌زند با پوست؟
این کیست این کسي که شبیه من است
و رنگش
مثل رنگ آب، ساده گشته
و مثل خاک، پوستش زمخت است؟
و چشم‌هایش پر از ستاره‌اند؟
این کیست این کسي که در سینه‌اش
یادگار خارهای شبانه‌ای
که از دماغه‌ی امیدِ نیک تا به حال
به پای من فرو می‌روند
و مثل کودکیِ من به شب نگاه می‌کند
و مثل اجداد غارنشین من
اسم شب را فراموش کرده است؟
آیا منِ دیرین
روی کلوخ‌های بیابان
زنده می‌شود؟

گلپایگان، بهار ۱۳۷۸

تقصیر تو بود

بی‌برگ بود و بر می‌داد؟
بی‌آب بود و نم می‌داد؟
هیچ گناه درخت و حوض نبود.
تو!
تو با آن روسری گلدارت
و لبخند غم‌انگیز کشدارت؛
همه‌اش تقصیر تو بود!
*

اصلن که گفته بود بیایی هرروز،
جیب‌های پر از شماره‌ات را
توی باغچه خالی کنی،
کنار نعش موش‌ها و پوست تخم‌مرغ‌ها؟
و از حدقه گلاره‌هایت را
درون حوض بیندازی،
پیش جفت‌های چشمِ گندیده و

چَفت‌های بریده‌ی خوشه‌پهلو؟
بعد بروی کنار زاینده‌رود،
بغلی‌بغلی هِی آب بیاوری که چه؟
رودخانه را هم تو کشتی؟

*

یادت هست سفره‌ای انداختی،
یک سرش توی پستوی پشت اتاق،
یک تهش سر چهارراه نظر.
ندا دادی: «کی می‌خواد ساقی‌ام باشه؟»
من نگفتم: «من من»
زن‌ها لب جویدند و مردها استخوان.
خاک باغچه پیوره کرد؛
دال‌بُری‌ها روی ابرهای آلوده افتادند.
- توی حوض
چشم لگد می‌کردم و جوانه‌ی انگور —
نسیم توت‌ریزان گرفته بود؟
تو دست‌ها را گرد گوش‌ها،
شکل صنوبری بستی.
گفتی: «بخون قصه‌ای بی‌سرانجام»
من زهره و منوچهر خواندم؛
تمام که نشد،
دور تنت پیله‌ای تنیده بود،

حلقه‌های گیسو ازش بیرون.

*

باور کن هر صبح من سر زدم توی پستو؛
پروانه‌ای نبود،
تنها جنازه‌ی موش دیگری،
لای تله.

*

بشره‌ی پیله آخرش سفت شد؛
نیمروی سرشاری از تو ساختم؛
و آخرین کود باغچه را دادم.

*

حالا بگذار حفّاران مترو خیال کنند،
سنگ‌واره‌ی تخم دایناسور یافته‌اند.
من که می‌دانم این بِرَندی،
رنگ نگاه تو و حبّه‌های رازقی است
و طعم توتِ کالی‌اش
از نوک سینه‌های تو گس است،
من که می‌دانم تو و زاینده‌رود
به اصفهان برنخواهید گشت،
چرا مست نکنم؟
همین‌جا؟ها؟

تورنتو، اسفند ۱۳۹۲

کُرد (انتزاع ۱)

گذار گله‌ی گوسفند و گدار گرگ
کمند گون‌کنی و گوژیِ کول‌بر
کودک بی‌کشور کنار آبیِ در خاک

تورنتو، ۱۱ آذر ۱۳۹۴

خوش خط و خال

دست‌خط من بد نیست،
بدنت خوش‌انحناست.

تورنتو، آبان ۱۳۹۳

وَراَندازی

تمامِ شب ،
لشکَرِ انگشتانم ،
طلایه‌دارِ
استعمارگرِ حریصي بود
-کاوش‌گرِ شرارلانه‌ها
برِ تپه‌ماهورِ هایِ
ماسه‌آتشینِ تنت –
گرگ و میش ،
طغیانِ اندامت ،
رهایی‌بخشِ
نَوَندسوارِ لَوَندي بود
-یغمابَرِ اِسپَرَم‌دانه‌ها
از چینه‌ناتورهایِ
گُل‌انگبینِ دلم –
و روز تنها ،

یادِ ستیزه‌هامان،
کِرکِره‌کشانِ
خیره‌خورشیدِ خردادی،
که نخشکند جوانه‌ها
در برکه‌هاشورهایِ
چشمانِ انتظار.

اوتاوا، خرداد ۱۳۹۱

اشتها

بوی باغچه می‌آید.
در حواشی رف،
شمعدانی‌ها خشک می‌شوند.
غذا سفارش داده‌ام،
دندان و اشتیاق هر دو تیز.
در سینه‌ی تو،
دیگی به جوش آمده است.
توی دیگ،
قلب من و برگ شمعدانی.
پوست پستانت می‌رسد کم‌کم؛
لبه‌ی نیش‌هایم زُق‌زق می‌کند.
دلم برای خودم تنگ شده است؛
گرسنه‌ام،
مثل گُلی
که برای گلدانش گشاد شده است.

طلوع

بگذار نفسی تازه کنم
در طلوع نفس‌های تو آن هنگام
که از ترنّم و ترانه دم می‌زنی
تشنه‌گی چشم‌هایم را بازی چه مگیر
من از دیار چشمه‌ساران می‌آیم
گلویم در خشکی این شهر بزرگ

می‌گیرد.

تهران، مردادماه ۱۳۸۱

پاییزانه‌چی[1]

غوره بودی و،
مرا رد کردی.
رسیدی چو انگور،
مرا پس زدی.
مزه‌ای از مویزت اینک،
مرا نَسِزَد؟

---

۱. برگردان شعری است از شاعر ناشناسی برجامانده از دوران یونان. نسخه‌ی انگلیسی این شعر که Dudley Fitts نوشته و آن را Brief Automnal نامیده به نقل از کتاب Western Wind – An Introduction to Poetry نوشته‌ی John Frederick Nims چنین است:

Green grape, and you refused me.
Ripe grape, and you sent me packing.
Must you deny me a bite of your raisin?

کودکانه

کودکانه‌گی‌های مرا،
مادري باش
ای مهرِیار!
تا به پستان بخشایشَت،
در بهار،
بیاویزم همچون گلي،
بی‌قرار.

دی‌ماه ۱۳۸۸

فراموشم نکن

دور از تو کبود می‌شود
پوستِ خواسته مثل مرگ.
تا در آرزوی هر شب اما آدونیس
امید به دوباره دیدنت بسته،
آسمانی ست رنگ فاصله،
از جهانِ زیرِ قعرِ هلاکت
تا فضای ایزدانبوه تن‌کامه‌گی.
در زیرزمین دوزخیان
زشت بودن شرط شاعری است؛
سوت اگر کشید گوش‌هایت
دُش‌گویه‌گانِ زیبایی‌اند
صِلَت‌بگیرانِ بزمِ هادس.
صبح اگر زنگ زد گوشی‌ات،
از ارتعاش لب‌های ترک‌خورده است؛
راهی از راکیِ خشک و سرد

روانه‌یِ راکیِ خیس و گرم؛
رویانده جای هر چکه خیال
شاخه‌ای از
فراموشم‌نکن.
از یاد نبر غروبِ اولین فردا
کنار تو که باز خوابیدم
دفن کنی‌ام در سینه‌ات.
ونوسِ روزهای بارورناشده!
در سال‌روز آمدنت به زمین،
به تو از دنیای مرده‌گان
درود!

کلگری، تیرماه ۱۳۹۲

نوستالژی اناری

از تو که یاد می‌کنم،
پوست عشق ترک می‌خورد.
دست می‌برم به خیال،
انگشت آرزو سیاه می‌شود.
غصه می‌خورم از نبودنت،
دندان حسرت لکه می‌زند.
رازهایم،
شکوفه‌های انار؛
در زمهریر آلبرتا،
سر از مهر نمی‌گشایند.

کلگری، تیرماه ۱۳۹۲

ساده

نه فیلسوف اندیشه‌های مجردم،
نه پیامبر همسران بی‌شمار.
به دروغ نشدم پناهنده وُ
با بمب نرفتم به قندهار.
تنها،
تابعي از شعر شیار سینه‌اتَم
و کدنویس شب‌های بی‌مهار.

کلگری، تیرماه ۱۳۹۲

نور آفند

کاش فوتونی می‌شدم،
سرشار پتانسیل،
از عقده‌ی فِراق.
یک ظهر دماغ‌دراز این تابستان،
می‌پریدم روی شانه‌های آفتاب.
رفیق فوتون‌هایم،
هم‌قسمان انتقام،
یورش می‌بردیم به چُرت دلتنگی.
آن وقت زمان هم
سریع‌تر می‌گذشت؛
آن وقت همان عصر
توی رختخواب تو بودم.

کلگری، شهریور ۱۳۹۲

واژه‌خور

تلخ است در زمان گذشته صرفت کنم؛
محال است در حرف حال فرضت کنم؛
سخت است بی تو آینده را تصور کنم.

انگار در مرکز قلبم غمی است،
چگال‌تر از هرچه در جهان است؛
گذشته و آینده‌ام، هم آمده‌اند.

واژه‌های صفحه‌ی اینک،
در سیاه‌چاله‌ی اندوه،
دست و پا می‌زنند.

کلگری، شهریور ۱۳۹۲

گاهِی نمی‌شود

کدام امید؟
نباریده برف
یخ نبسته کانال
نزاییده شب‌تاب
باز مثل هر روز
نیامد ویزا
فیدبَکی نداد استاد
فَرَجی نشد در کار
به ما که رسید
ریده شگرف
نوشته محال
نزاییده جز تب شراب
کاش می‌شد امروز
با برف هم می‌آمد ویزا
می‌بست کانال یَخَش می‌شِکَست استاد
می‌مردم اصلن در آغوش تو نمی‌شدم بیدار!

اتاوا، آذرماه ۱۳۹۰

برادر سرباز

سربازِ گُرز و آیه و آرمان!
سربسته بگویمت برادر،
عقده‌های تو نایاب‌ترند
از پادمادّه‌گان به‌جامانده از مه‌بانگ.
واژه‌های من اما ناب‌ترند
از فانتزی‌بازیِ اولین بوسه
در خوابِ دخترانِ دوشیزه.
زمانم را، بگذر؛
با تو تلف نمی‌کنم.
تو از خیالِ جوان‌مرگی عشق،
تازه می‌شود بهارِ زَهره‌ات،
صیحه می‌کشد گراز نعره‌ات.
من از بوی عشق‌ورزیِ پتویی
در اتاقِ پسرانِ تازه‌بالغ،
ایده می‌کارم در کَرتِ واژه‌ها،
قصه برمی‌دارم خردادِ لحظه‌ها.

بگذار فضایم را،
با تو قسمت نکنم!

اوتاوا، مرداد ۱۳۹۱

جهان اَوِّلَت

شادروان نخواهم بود
اگر روان باشم هنوز بعد از مرگ.
از دوری خاک نفسم خواهد گرفت.
دلم برای طعم ویسکی و دود شمع،
صدای هیجان زن در اوج عشق‌بازی،
و خنده‌ی کودکانم تنگ خواهد شد.
رنجیده خواهد بود خاطرم آن‌قدر
که برای فرشته‌گان باکره شعرهای حرام خواهم گفت
تا دلشان لباس‌های لخت ساحلی بخواهد.
سنگ‌هایم را واکنده باشم؛
جهان پس از مرگی اگر باشد
به کثافتش خواهم کشید،
شاید باز به زمین، تبعیدم کنند.

تورنتو، آذر ۱۳۹۲

سینه‌پُر

شاکی‌ام از زمان؛
سینه‌های مادر از من ستانید.
دل‌گیر از گرانش؛
سینه‌های زن از سر گرانید.
دل‌خوشم به زمین،
سینه‌اش.

تورنتو دی‌ماه ۱۳۹۳

هزیان

شب مصاحبه بود،
خوابم نمی‌بُرد.
دامب و دومبِ عروسی
در ساختمان مجاور،
پرده‌های هتل،
کشیده نمی‌شد.
خیال خوشبختی مردم،
آرامم نکرد.
دعای خیر مادر،
پیغام‌گیر گوشی،
آرامم نکرد.
آرزو و خاطره،
عشق و سکس و خیانت،
آرامم نکرد.
سلام و خداحافظ،

طنین ماتم از
صدای حسین پناهی،
آرامم نکرد.
به هاااای نفس‌هاااای خودم،
گوش دادم؛
مثل نوزاد سرراهی،
گوشه‌ی دنج پیاده‌رو،
یک زمستان بلند،
ملحفه‌پیچ بی‌خیالی،
گرم، خوابم گرفت.

تورنتو، شهریور ۱۳۹۲

خزانانه

باد پاییز دراز می‌شود،
لابه‌لایِ ماق‌های لاغرم.
هیز و ویز دست می‌کشد
به مُخاط‌های آویزان.
بچه می‌زاید روی هر سلول،
هزار ویروس بلاتکلیف،
میانِ سینوس‌هایِ ناصیه ...
هزار نیشخند نوبالغان،
نثار کسینوس‌های تخته‌سیاه
که بارور می‌شد از تجاوز خودکار
به اوراق تست کنکور ایثارگران ...
هزار آرزوی شهرت و شهوت،
شرار می‌شد از افسانه‌ی ایمان:
«نطفه‌گان چهل ساله گَز کردند
کوچِ نیلوفر به نیلوفر»

هِهْ! در پندارِ پدرانِ پُرباور ...
و زمینی که نداد بار و بر،
از کشتِ مین و کود گلوله،
شب‌های خون‌یاریِ رزمنده‌گان؛
خُنّاق شد حلقش
در هوایِ دِینِ دین‌داوران ...
و ما هفت‌ساله از بَرّی به بَرّی،
جاهِ سرگردانِ مهاجرت در چاه،
گذرنامه‌هامان خجالت‌زده
- از روی مکه و اورشلیم -
گَس‌ریسه رفتیم به آزادی؛
انگشتِ جاداده در مشت بچه‌ها،
و دلی به‌جامانده پیشِ مادران
در هزارخزانِ سرزمینِ مهرگان!

اوتاوا، شهریور ۱۳۹۱

درگذشتِ بچه‌یِ ایران‌خانوم

سوارِ پیکانِ پنجاه و هفت بودم
-لگن‌واره‌ی وَهمیِ قراضه—
آواره میانِ خیلِ سرگردان
در بِزَنگاهِ کِش آمده از شرق
تا غرب.
خروجیِ مدرس،
لَت‌پاره‌ی حقیری بود
که از فراخیِ همت می‌کاست.
بعدِ میلادِ برج پارازیت،
سمندِ صدورِ آرمان آتش گرفت.
ترافیکِ مطالباتِ به‌گا رفته،
سرِ راهمان ماسید.
سعه‌ی صدر هم بسته بود.
راه‌بندان حقیقت را ناچار،
ترمزم جیغ بلند انکاری کشید؛

هوای آوار آریایی
در کیسه‌ی اسلامِ چینی نگنجید؛
بادنکرده پُکید
بویِ گندِ نفت می‌داد!
کاسه‌ی عقلم،
اشکِ خوني،
برایم سَرریخت.
روی فرمان آینده،
چشمم کهیر زد.
بیمه‌ی عمرِ پرثمر
- صادره از شعبه‌ی انقلاب
نرسیده به آزادی -
دوباره زنده‌ام نکرد.
آخ که مُچاله توی زنده‌گی مُردم
ولی افسوسم این بود:
کمربندِ لذت را،
دستِ ارشادي در جوانی،
کَف رفته بود از زنده‌گی.
روزنامه‌اي نمانده بود،
افسری خبرم را سانسور کرد.

اوتاوا، مرداد ۱۳۹۱

روگازمانده‌گان

تمام دیشبمان گذشت
به فیزیک، فلسفه، فرگَشت؛
کله‌پاچه‌ی خدا را پختیم.
اعدامیِ بی‌گناه تا سحر،
می‌کوفت تربت کربلا بر سر؛
توماری برایش نوشتیم.
کله‌ی صبح رفتیم شنا،
داف‌ها در آب و ما در تمنا؛
کنار آب، سایه‌ای بستیم.
بعدش اعدامی بر دار شد؛
«گاز روشن مونده» شصتم خبردار شد؛
کله‌ی خدا ته گرفت و ...
ما وُ نسلمان سوختیم.

اوتاوا، بهمن ۱۳۹۰

ناپاک

پاکیزه‌گان!
منم! سرطان بدخیم بی‌قاعده‌گی.
هویتم انکارِ شماست.
غافل نیستم از حسادتِ شیر پاستوریزه و سه‌پستان خدا.
تنها ترتیب پیشرفتم آهسته است،
آرام‌تر از طول کوتاه‌ترین موج قرمز.
به دام هیچ داروی شیمیایی نمی‌افتم،
حتا با ضعیف‌ترین پیوند واندروالسی.
همین‌طوری ست که حس‌گر هم هیچ نمی‌گیرتم.
بعد روزی به تشییع جنازه‌ام می‌روید.
زنگ خطر دیر به صدا درمی‌آید.
تابوتي خالی بدرقه می‌کنید.
پوستم،
زیر چاقوی تشریح زیبارویي
به شما می‌خندد.

اوتاوا، مرداد ۱۳۹۱

بنیادگرا

به رغمِ خود که غریزه رقم خورد،
تکثیرِ کَارتونِ خویش شد کارتُنَک
که سرسختانه دوشیزه‌گی جهان را،
فقاهتش، ابتکار به دوختن می‌کرد.
از میانِ هر دو ساقِ درختي
که هوا کرده خاک از شیارِ خوش‌بختی
تا رویِ دَرزِ هر کهنه‌دیواري
که لو رفته از آن رازِ مردِ زن‌داري،
به یادگار تُف می‌کرد،
تاری از میراثِ حُکم اجدادی.
بعد از آن‌که ریقِ باران،
آب داد بندِ قلب زمین را،
اسکلي که راه لانه گم کرده بود،
عصرانه عنکبوتِ خیسِ عبوسي خورد.

اوتاوا، اردیبهشت ۱۳۹۰

مانیفستِ لاک‌پشت

زینتِ سنگ‌فرشِ خیابان می‌شود لاکم
اگر بست بنشینم به اعتراض
که «چرا خرگوش نزاده شدم» -
در این وانفسایِ رسیدنِ غلتکِ راه‌کوب!

کلگری، خرداد ۱۳۹۲

تراژدیِ الیکایی

جفت نگرفتم در اوج شور بهار؛
لانه نکردم میان بوته و پیچش دار؛
تا نرسد نفعی از من به کوکوی نابه‌کار.
آزاده بودم و انگشت‌نشانِ ماده‌ماکیان.
تا باد وزید و شاخه، برگ رید و برف شد هوار؛
رقیب موش شدم در آشغال و
دل بستم به اِشغالِ سوراخ مار.

کلگری، خرداد ۱۳۹۲

لاشخوری

همزاد من پرنده‌ای ست،
گیر انداخته چنگال بخت
در موی شاهانِ از کوره‌راه،
رسیده به تخت.

همزاد من آرزویی ست،
باز کرده پرهای رنگ
روی بوم تاریخ و شعر،
انداخته چنگ.

و من،
استخوان‌خوار لاشه‌ی جاندار،
زیر چتر خوش‌نامی‌اش،
گنده‌لاتِ گم‌نام دشت‌های مردار.

کلگری، مرداد ۱۳۹۲

کعبه‌ی عشق

دکمه‌های دختر
ناامید،
کلیدداران کعبه‌ای
کَس ندید.
اِحرام
به انگشت خواهش پرید.

آغوش بت‌کده
ورانداز شد؛
از بوی بِهْ‌پخته
طواف بی‌نماز شد؛
دهان بت بزرگ
نیمه‌باز شد.

پرده‌ی خانه

سیاه بود؛
صنم از تبر
سر ربود؛
سر از اندام وحی
سودا گشود.

پاره‌های پرده
تارهای رباب شد؛
خون بت بزرگ
حرام چون شراب شد؛
دل بت‌شکن هم
کباب شد.

چگالی گوشت
بالا کشید؛
تبر
بین گونه‌ها رقصید؛
آب انار
به سیمای شب پاشید.

جانم ای های
خدا مست شد؛

بت‌شکن
بت‌پرست شد؛
دکمه‌های زن
گوشه‌ای پرت شد.

کلگری، مرداد ۱۳۹۲

پایِ‌خوار

مرد
سیب سبز نچیده می‌خواهد
زن
ساقه‌ی از بادنلرزیده می‌خواهد
قرار می‌گذارند کافی‌شاپ
به صرف قهوه یا چای
یک ساعت شب.
قلم‌موی آرایش
تابه را هم می‌زند.
سه‌تیغه‌ی ژیلت
شعله را هل می‌دهد.
پایِ سیبِ داغ می‌چسبد
مرد می‌شویدش
زن آب می‌کشد.
گودیِ ظرفِ پای،

مرد را می‌ترساند؛
بی‌اشتهاییِ مرد،
زن را می‌رنجاند.

تورنتو، ۱۰ دی ۱۳۹۴

مرغ تیغستان

مرغ تیغستانم،
اسیر دشت‌های سبز پرآبی؛
بر شاخه‌های افرا
هم‌سُرای تنهایی؛
در مدح فرهنگ‌های هرنوعی،
لبخندهای هرجایی.
نفسم بوی تهوع گرفته است
و لهجه‌ام،
تعزیه‌ی انقراض،
ثبت شده بر تاکسیدرمی تاریخ،
در نواک لعنت جغرافیا.

تورنتو، موزه‌ی سلطنتی انتاریو، فروردین ۱۳۹۴

دراز به دراز

دراز!
تو آنقدر کوتوله‌ای
که برای دیدنت ناچار،
سایبان چشم‌هایم،
شده دست‌هایم.
تفاوت ما در این است:
تو از آسمان افتاده‌ای؛
من از خاک برآمده‌ام؛
تو مدام فرو رفته‌ای؛
من همش قد کشیده‌ام.
دراز!
تو نخواستی هرگز،
سایبان من باشی ولی
سلول من در زیر خاک،
باشد برای تو.

اصفهان، تابستان ۱۳۸۲

درویش (انتزاع ۲)

اشباح شناور در شریان شعور
شیوع سرطان شباهت را در سلّول‌های شهر
سفر کنید به سرسلسله‌ی سادهگی با سرور

تهران، مهر ۱۳۷۹

وصیت

وصیتی ندارم.
هر چه غیر از تنم،
مال هم‌بسترم.

تنم را اما
به خاک نسپارید؛

حیف است،
خوراک شایعه‌ی کرم‌ها می‌شود.

تورنتو، مهرماه ۱۳۹۲

بخش سوم

خواب مستان

سفرکَرده‌شُده

سواد عاشقی،
به گرفتن ویزا نمی‌رسد؛
دمي بيا چَت کنیم
که عمر صبوری،
از گمرک دوری،
آه، نمی‌گذرد.

از خمار خانه‌گی،
خرج نوستالژیا نمی‌رسد؛
تکست خنده‌اي بزن
که از جماعت شاکی،
به تبعیدِ راکی،
خیری نمی‌رسد.

خطوط غربت را،

خاطرات شرقی نمی‌خواند؛
فینگلیش بزن پیام
که از برگ افرا،
لنگي برای ما،
در نمی‌آید.

دهان حادثه،
سر از خیال نمی‌رود؛
بوسه‌اي حواله کن
که پِی‌پَلِ دیدار،
به بانکِ دل از قرار،
باجي نمی‌دهد.

خروشِ غریزه،
لَنگِ غرور نمی‌ماند؛
عکسي از تنت بده
که غم‌باد لحظه‌ها،
با جلق واژه‌ها،
خالی نمی‌شود.

در حبابِ دلخوشی،
جورِ جبر حل نمی‌شود؛

بیا سرخوشی کنیم
که این بی‌نویدی،
- سفر را چه دیدی -
روزی به سر رود.

کَلگَری، اردی‌بهشت ۱۳۹۲

هالووین، شانس و معجزه

خوش‌بیارترینِ شاعران کسی است
که همسر یک خورشید است و
هم‌سَرای دو ماه
و ستایش‌گر عشق است
در شب میلاد ارواح.

معجزه‌ی دو ماه را بی‌باورم
قسم به خورشید نمی‌دارم و
بهشتِ ندیده
به بهایی نمی‌خرم
که سیبِ سرخِ ناچیده.

خوش‌بیارترین شاعر سپیدم
شبی با خورشید خوابیدم و
رو به روی دو ماه
- چون قوافی جدیدم -
دیده گشودم سحرگاه!

اوتاوا، ۹ آبان ۱۳۹۰

بی‌هم‌پیاله

همه در وقت‌نَشناسی استادند:

او که ویزا می‌دهد بعدِ کلّی علّافی
که برای مصاحبه دیگر
فرصتم نیست کافی؛
آن ویروس که عدل، روز اول هفته
همین که تقسیم شده
زیر پوست ما رفته؛
یا استادي که عمري خوابیده
بعد تو این هیر و ویري
مشتي گیر در تِزِ ما دیده؛
تو هم که غوره نشده مویزی
ساقی که نشدی
شراب چرا می‌ریزی؟

این‌ها به‌کُل از چشم من افتادند
بگذار من هم
چشمانم از الکل بیفتند

اوتاوا بهمن ۱۳۹۰

بیژنانه ۱

بگرد رَسَنی مَلَس بجورانیم،
توی چاهِ بیژنم بیَندازیم.

بیا پُرترین ارقام چربی را
در گُدارِ عشق‌ورزی بسوزانیم.

منیژه‌ات را با تنم قسمت کن،
استرس را هر نفس بِترْکانیم.

چند گره از تو چند قافیه از من،
داستان شاهنامه از نو بسازیم.

به رستم یک بی‌اِم‌وِه رشوه دهیم،
تو را به مام‌شاهی شعر بنشانیم.

بعدِشَم گاوبندی کنیم با خورشید،
مگر امشب را به صبح نرِسانیم!

اوتاوا، زمستان ۱۳۸۹

پابرچاه (بیژنانه ۲)

نه من با منیژه

صنمی داشته‌ام

نه تو از بیژن

ژِنُمی را همراه

که حضور قرارم

نمی‌رسد

به وفور فرارت گاه

و نبوغ زبانم

نمی‌بَرَد

به بلوغ لبانت راه.

نکند با گرگین

زَد و بَندی داری؟

وِل کرده‌ای من را

در مُغاکِ این چاه

که سرود کلامم

نمی‌رسد
به سکوتِ کُنامت گاه
و دو سوی جهانم
نمی‌بَرَد
به طلوعِ میانت راه.
توی این مهتابی
الکلِ من بالا
شب‌گار بی‌خوابی
کَل‌کَلِ من با ماه!

اوتاوا خرداد ۱۳۹۱

کاشف ماه

تا لمس ماه
جانِ سر کشم.
نزدیک‌تر نشین آرام جانم!
بگذار دستی
به رویت کشم
...
دیدی مهتابی شد انگشتانم!

اوتاوا، آذر ۱۳۹۰

خیالِ سوزان

ببین که سینه‌های ابرها،
ولِنگ و واز است؛
و پهن مانده رختخوابِ باد
که نرم و ناز است؛
چه حال می‌دهند با آه و اوه،
به کاکاییان!
نگاه کن به چنگ صاعقه
که تند و تیز است؛
بکش دست به سطح فاجعه
که زبر و جیز است؛
و خیس کرده آسمان از ترس،
می‌آید باران

***

ببین چه‌طور لِنگ تنهایی،
توی حلقم است؛
در این فِتیشِ خیس یادِ تو،

رعد و برقم است؛
می‌تکاند از من اضطراب،
نَشوه‌های جان.
من ارّه می‌کنم خیش و خیش،
دارِ لحظه‌ها؛
و خشک می‌دَرَم تیر و تیر،
لَشِ تخمه‌ها؛
بعد چالِشان می‌کنم، شب
میانِ گل‌دان.

***

ببین چه‌طور جیغ می‌زند،
دروغِ ایمان؛
به پلکِ مُرده تیغ می‌کشد،
کلاغِ سودان؛
من از کجام در بیاورم،
نجات انسان؟
وِلش کُن! پَتی شو امشبی
در شرابِ باز؛
بِپَز یک پُرس چَکامه‌بریان
از کتابِ ناز؛
شفق تا هنوز مستم، برو
مرا بپیچان.

اوتاوا، خرداد ۱۳۹۱

واژه‌نامه

آدونیس: پسري افسانه‌ای که حاصل هم‌خوابی کینوراس با دخترش بود. از فرط زیبایی زنان بسیاری عاشق او بوند که سرآمد آنان آفرودیت (ونوس) و پرسفونه دو تن از خدایان بودند.
اِسپَرَم: ریحان معطر
پادماده: (یا ضد ماده) مانند ماده از ذراتي تشکیل شده‌است، که بار آن‌ها وارون ماده است. در ضد ماده بار هسته منفی و بار ذرات مداری مثبت است که معکوس ماده است. میزان پادماده‌ی موجود کیهان بسیار ناچیز است و به دلایل نامعلومی در برخورد ماده با پادماده پس از مه‌بانگ (انفجار بزرگ) بیشتر و بیشتر ماده باقی مانده است.
پیوند واندروالسی: نوعي پیوند بین مولکول‌های جامد یا مایع که سبب می‌شود این مولکول‌ها کنار هم بمانند. این ضعیف‌ترین نوع پیوند ممکن است.
تاف: آبشاري در الیگودرز
ثابت پلانک: ثابتي در فیزیک کوانتوم که بیان کننده‌ی مقدار معیني از انرژی است. به صورت مشخص حاصل‌ضرب مکان و تکانه‌ی یک ذره همیشه رابطه‌ی مستقیمي با این ثابت دارد. به همین دلیل بالا بردن دقت اندازه‌گیری مکان (یا تکانه) سبب کاهش دقت در اندازه‌گیری تکانه (یا مکان) می‌شود.
چفت: شاخه‌ی پیچ‌دار
چنگال هیوم: هیوم فیلسوف اسکاتلندی بود و از پیشگامان تجربه‌گرایی.

او از منتقدان برهان‌های رایجي مانند علیت و نظم بود. چنگال هیوم اصطلاحی بود که بعدها دیگران برای بیان لزوم جدایی آرای انتزاعی از الزامات علم تجربی ابداع کردند. بر پایه‌ی این دیدگاه ادعاهایی که بر اساس منطق انتزاعی استدلال می‌شوند جایی در روش علم تجربی ندارند.

چیکسالوب: محل برخورد شهاب‌سنگی که احتمالن یکی از دلایل انقراض دایناسورها بود

چینه: دانه‌ی خوراکی پرنده

دگردیسی: فرآیند زیستی‌اي که طی آن یک جانور، مدتی پس از زاده شدن دچار تغییر بنیادی یاخته‌ای شده و صاحب فرم تازه‌ای از زنده‌گی می‌شود، مانند تبدیل کرم ابریشم به پروانه.

دماغه‌ی امید نیک: دماغه‌ای در آفریقای جنوبی

راکی: نام رشته‌کوهی در غرب و مرکز کانادا و آمریکا که به صورت شمالی-جنوبی گسترده شده است.

رامسس: نام چند فرعون مصر

رُمبیدن: در هم فرویختن

سه‌پستان: یکی از گیاهان دارویی

سیاه‌چاله: سیاه‌چاله ناحیه‌ای از فضا-زمان است که جرم در آن فشرده شده است. نور و زمان و هرنوع جرمي در اثر این فشرده‌گی به سمت مرکز سایه‌چاله کشیده می‌شود. سیاه‌چاله‌ها گرد اجسام سنگین مانند ستاره‌های نوترونی شکل می‌گیرند.

سیمره: رودخانه‌ای در کرمانشاه و لرستان که به کرخه می‌ریزد

طول موج: فاصله‌ی بین دو قله‌ی موج الکتریکی یا مغناطیسی و شبیه آنها. در میان رنگ‌ها، رنگ قرمز کوتاه‌ترین طول موج را دارد.

فتیش: گرایش شدید و نامتعارف جنسی

فراموشم‌نکن: نام گلی وحشی که بر اساس افسانه‌ها پس از مرگ آدونیس

در جای مرگ او رویید

فرگشت: تکامل، فرایند تدریجی تغییر جانداران روی زمین در نتیجه‌ی انتخاب تصادفی و عوامل محیطی.

فوتون: ذره‌ای فرضی که حامل نور به حساب می‌آید

کاکایی: سرده‌ی بزرگی از مرغان نوروزی است که در سرتاسر جهان پراکنده هستند و تنوع گونه‌های آن‌ها در نیم‌کره‌ی شمالی از دیگر نقاط جهان بیشتر است. برخی از کاکایی‌ها در ایران به نام مرغ دریایی شناخته می‌شوند.

کپی: به انگلیسی «اِیپ»، به هر یک از اعضای بالاخانواده‌ی انسان‌واران اطلاق می‌شود. نمونه‌های آشنای آن گیبون، اورانگوتان، گوریل، شامپانزه و انسان است.

کُد: منظور برنامه‌ی نرم‌افزار به یکی از زبان‌های رایج برنامه‌نویسی است

کرمینه: لارو، نوزاد کرمی‌شکل حیواناتی که دگردیسی کامل دارند.

کوچه‌ری: نام تفرج‌گاهی در گلپایگان

کوراوغلو: قهرمان حماسی داستان‌های آذری و ترکمنی

گرین: نام کوهی در لرستان

گلاره: چشم

مرغ تیغستان: پرنده‌ای منقرض‌شده که در آمریکای شمالی می‌زیسته و صدایی شبیه ناله دارد: https://en.wikipedia.org/wiki/Heath_hen

ملاکت: در گویش‌ها و زبان‌های زاگرس ـ لری، کردی و لکی ـ به گونه‌ای از مابهتران گفته می‌شود. ممکن است هم‌ریشه با ملائکه باشد.

مَنف: نام شهری در مصر باستان که زمانی پایتخت فرعون‌ها هم بوده

مهبانگ: انفجار بزرگ، یکی از نظریه‌های پرطرفدار در مورد آغاز جهان که بر اساس آن همه‌ی زمان و مکان در اثر انفجار یک هسته‌ی پرجرم پدید آمده است.

ناتور: نگهبان، باغبان

نشوه: مستی، خوشی
نواختر: ستاره‌ای که تازه متولد شده و معمولن در وضعیت ناپایداری قرار دارد
نواک: نَواک، زیرایی (زیروبمی) یا ارتفاع صوت کیفیتی است در مورد صداها. نَواک معادل با تغییراتی است که در دنیای فیزیکی برای بسامد (فرکانس) صداها رُخ می‌دهد. در زبان عموم از آن به زیر و بَمی یاد شده و در نوشته‌های قدیمی‌تر به آن (ارتفاع) گفته می‌شده است.
نوترونی: (ستاره‌ای با هسته‌ی) نوترونی ستاره‌ای است که گاه پس از انفجار یک ستاره‌ی پرجرم در اثر سالم ماندن هسته به وجود می‌آید. هسته‌اي که تنها نوترون دارد و از در هم فرویختن پروتون‌ها و الکترون‌ها فراهم آمده است. این ستاره‌ها جاذبه و فشار زیاد دارند.
نَوَند: اسب تند و تیز
ورچه: نام روستایی در ایران با انگوری که به درشتی حبه‌ها معروف است
ونوس: (به یونانی آفرودیت) ایزدبانوی عشق، زیبایی و باروری
هادس: خدای جهان مرده‌گان در زیر زمین
هالووین: از سنت‌های رایج در آمریکای شمالی و اروپای شمالی که در آن مردم لباس‌هایی با شکل‌های گوناگون می‌پوشند و کودکان برای جمع‌آوری خوراکی خانه‌های همسایه‌ها را در می‌زنند. این مراسم احتمالن ریشه در گرامی‌داشت یاد مرده‌گان پس از برداشت محصول در آیین‌های پیش از مسیحیت دارد که طبیعت‌گرا بودند.
هماجوشی: هم‌آغوشی + هم‌جوشی؛ هم‌جوشی (گداخت) هسته‌ای یا فیوژن فرآیندی عکس عمل شکافت هسته‌ای است. در فرایند همجوشی هسته‌ای هسته‌های سبک مانند هیدروژن، دوتریوم و تریتیوم با یکدیگر همجوشی داده شده و هسته‌های سنگین‌تر و مقداری انرژی تولید می‌شود.
هوره: مرثیه‌خوانی در زبان‌های کردی، لری و لکی